EIN NATURGESCHENK

RICHARD WAGNER ÜBER GOETHE
in Briefen und in seiner Autobiographie

Ausgewählt von Joachim Schultz

Edition Schultz & Stellmacher
Bayreuth 1999

INHALT

Karikatur auf Wagners Kampf gegen die Vivisektion (Schalk. Leipzig. 1879). Auf dem Flugblatt steht das leicht veränderte Goethe-Zitat: "In dieser Welt möchte kein Hund länger leben. R. W."

1. Aus seinen Briefen

An *Giacomo Meyerbeer*,
Paris, 3. *Mai 1840*

Bringen Sie mich wieder in den schönen Winter hinein, vielleicht zahle ich da schon Zinsen! Nüchtern heraus: - mir kann kein Wucherer mehr helfen, mir kann selbst ein gewöhnlicher braver Mann nicht mehr helfen; denn der kann nicht erkennen, wie ich ihm wiederzahlen soll; - dies kann also nur jemand, dessen klares Auge und volles Herz ersieht und fühlt, daß ich einen guten Baum abgeben kann, der, wenn ihm nicht der Regen fehlt, auch Früchte tragen kann. Göthe ist tot - er war auch kein Musiker; mir bleibt niemand als Sie. Ein fünfundzwanzighundert Franken werden mir in dem nächsten Winter helfen; - wollen Sie mir sie leihen? -

(Ob Goethe dem Herrn Wagner wohl Geld geliehen hätte?)

An Eduard Hanslick,
Dresden, 1. Januar 1847

Schlagen Sie die Kraft der Reflexion nicht zu gering an; das bewußtlos produzierte Kunstwerk gehört Perioden an, die von der unseren fernab liegen: das Kunstwerk der höchsten Bildungsperiode kann nicht anders als im Bewußtsein produziert werden. Die christliche Dichtung des Mittelalters z.B. war diese unmittelbare, bewußtlose: das vollgültige Kunstwerk wurde aber damals nicht geschaffen - das war Goethe in unsrer Zeit der Objektivität vorbehalten. Daß nur die reichste menschliche Natur die wunderbare Vereinigung dieser Kraft des reflektierenden Geistes mit der Fülle der unmittelbaren Schöpferkraft vereinigen kann, darin ist die Seltenheit der höchsten Erscheinungen bedingt, und wenn wir mit Recht bezweifeln müssen, daß für das von uns besprochene Kunstgebiet eine solche Begabtheit sobald sich zeigen werde, so ist doch die mehr oder weniger glückliche Mischung beider Geistesfähigkeiten schon jetzt in jedem der Kunst wirklich förderlich sein sollenden Künstler als auffindbar vorauszusetzen - und die Getrenntheit dieser Gaben als zum höheren Zweck - genaugenommen - unwirksam anzusehen.

(Goethe schuf das "vollgültige Kunstwerk"...
und Wagner das Kunstwerk der Zukunft.)

An Franz Liszt,
Albisbrunn, 20. November 1851

Du bist in Weimar: Du preisest die Kunstsinnigkeit des Hofes -? Gedenkst Du nicht des hochgerühmten *Karl August*, der seinen Freund *Göthe* durch einen - Pudel von derselben Bühne verjagen ließ, auf der Du jetzt, unter bei weitem kunstfeindseligeren Aspekten, das Panier einer Kunst aufpflanzen willst, für die fast alle Darstellungsmittel, alles Herkommen der Gewohnheit, ja alle Vermutung eines *wahren* (nicht erkünstelten) Erfolges unvorhanden sind? - Wahrlich, ich kann Dir nur mit Wehmut zusehen! Dir zur Seite sehe ich nur die Stupidität, die Borniertheit, die Gemeinheit und - den leeren Dünkel eifersüchtiger Hofdiener, die auf jeden Erfolg des Genies mit so traurigem Rechte neidisch sind! -

(Wie Goethe mußte auch Wagner den Dünkel und die Borniertheit seiner Zeitgenossen ertragen. Gleichwohl wurde Weimar zeitweilig, um 1850, zur Wagner-Stadt. Cf. Dieter Borchmeyer, *Weimarer Klassik*. Weinheim 1994. S. 53.)

An August Röckel,
Zürich, 25./26. Januar 1854

Ich sehe nur, daß der meiner Natur - wie sie sich nun einmal entwickelt hat - normale Zustand die Exaltation ist, während die gemeine Ruhe ihr anormaler Zustand ist. In der Tat fühle ich mich nur wohl, wenn ich "außer mir" bin: dann bin ich ganz bei mir. - Wenn Goethe anders war, so beneide ich ihn drum nicht, wie ich überhaupt doch wieder mit niemand tauschen möchte, selbst mit *Humboldt* nicht, den Du für ein Genie hältst, was ich nicht kann. Am Ende geht es Dir auch so: denn wohl auch Du tauschest vielleicht mit niemand, woran Du im Grunde sehr recht hättest - mindestens bewundere ich Dich aufrichtig.

(Goethe muß doch wohl genau wie Wagner gewesen sein...)

An Mathilde Wesendonck,
Zürich, 7. April 1858

Nächsten Montag komm' ich nach der Stunde zum Tee und will den ganzen Abend recht liebenswürdig mit De Sanctis sein und französisch sprechen, daß alle ihre Freude dran haben sollen. -
Was war das gestern einmal wieder für ein dummer Göthestreit? Daß Göthe für die philisterhafte Akkomodation an die Welt hergerichtet werden konnte, beruht zwar schließlich auf dem Mißverständnisse des Dichters; daß es aber doch geschehen *konnte*, hält mich in wachsamer Bedenklichkeit gegen ihn und namentlich gegen seine Ausleger und Zurechtmacher. Nun, weißt Du, ließ ich auch gestern alles gelten und namentlich Deine große Freude am *Faust*; aber endlich immer wieder hören zu müssen, der *Faust* selbst sei der bedeutendste Menschentypus, der bisher von einem Dichter geschaffen, das machte mich - (sehr törichterweise!) - bös. Ich kann hierüber bei den Meinigen keine Täuschung bestehen lassen. Fausts Weltverzweiflung beruht im Anfange entweder auf Welterkenntnis - dann ist er erbärmlich, wenn er sich beim Wechsel in die verachtete Welt mit großem Aufwand hineinstürzt, und zählt in meinen Augen zu jenen Menschenverächtern, die dennoch ihr ganzes Leben über keinen Ehrgeiz kennen, als die Menschen zu täuschen und sich von ihnen bewundern zu lassen; - oder aber, und so wird's sein - Faust ist

eben nur phantastischer Gelehrter, und die eigentliche Welt hat er noch gar nicht durchgefühlt; dann ist er eben nur krüppelhaft unentwickelt, und man mag es gutheißen, daß er in die Lehre der Welt geschickt wird. Da wäre es denn nun aber besser, er lernte wirklich, was zu lernen ist, und zwar bei der ersten, so schönen Gelegenheit, der Liebe Gretchens. Ach, wie glücklich ist da aber der Dichter, als er ihn aus der Seelentiefe dieser Liebe heraus hat, um ihn eines schönen Morgens die ganze Geschichte spurlos vergessen zu lassen, damit er nun die eigentliche große Welt, die antike Kunstwelt, die praktisch-industrielle Welt, mit möglichst Behagen vor seiner recht objektiven Betrachtung *abspielen* lassen könne. So heißt dieser Faust für mich eigentlich nur die versäumte Gelegenheit; und diese Gelegenheit war keine geringere als die einzige des Heiles und der Erlösung. Das fühlt auch der graue Sünder schließlich und sucht das Versäumte recht ersichtlich durch ein Schlußtableau nachzuholen - so außerhalb liegend, nach dem Tode, wo's ihn nicht mehr geniert, sondern nur recht angenehm sein kann, von dem Engel an die Brust genommen und gar wohl zu neuem Leben geweckt zu werden. - Das heiß' ich nun alles recht gut, und Göthe bleibt mir immer gleich groß als Dichter, denn er bleibt immer wahrhaftig und kann nicht anders; auch mögen die Leute das objektiv nennen, nämlich wenn das Subjekt nie dazu kommt, das Objekt, die Welt, in sich aufzunehmen (was nur durch tätigstes *Mit*leiden geschehen kann), sondern dafür sich einzig das Objekt vorführt, betrachtend sich darin versenkt, durch Anschauung, nicht durch Mitgefühl (denn dadurch würde er die Welt selbst - und dieses Weltwerden des Subjekts ist eben Sache des Heiligen, nicht des endlich zum Philistervorbild gewordenen Faustdichters); endlich freut mich auch immer wieder an Göthe, daß er das Mißliche seines Treibens immer fühlte und doch kein Behagen dabei fand, daß er sich das große Mitleiden so angelegentlich vom Halse hält - und, wie gesagt, mir ist Göthe ein Naturgeschenk, durch welches ich die Welt erkennen lerne wie durch wenig andre. Er tat, was er konnte, und - Ehre ihm! - Aber aus seinem jämmerlichen Faust einen edelsten Menschentypus machen zu wollen? Das kommt daher, daß es der Welt angst wird, wenn es an die Tiefe des großen Problemes des Daseins geht; wie lieb ist's nun den Leuten, daß der Faust da endlich abspringt und sich entschließt, da er nun doch einmal von der Welt nicht lassen will, sie zu nehmen, wie sie ist. Ja, wüßtet ihr nur, daß er von da an auch nur noch den Mephistopheles zum Führer hat, und macht euch darauf gefaßt, ewig von dem Lügengeiste gequält zu werden, nachdem euch die holde Erlöserin, das herrliche Gretchen, schmerzlich erhoben den Rücken gewandt hat. Das wußte Göthe wohl; aber Ihr sollt's auch wissen! -

(Das Naturgeschenk Goethe, der wie Wagner "für die philisterhafte Akkomodation an die Welt hergerichtet werden konnte". Im nächsten Brief ist ihm allerdings Schiller sympathischer. Cf. Wapnewski.)

An Mathilde Wesendonck,
Venedig, um den 20. Dezember 1858

Mehr interessiere ich mich für Schiller: mit diesem beschäftige ich ich jetzt ungemein gern: Göthe hatte es schwer, sich neben dieser ungemein sympathischen Natur zu erhalten. Wie hier alles nur Erkenntnis-Eifer ist! Man glaubt, dieser Mensch habe gar nicht existiert, sondern immer nur nach Geistes Licht und Wärme ausgeschaut. Seine leidende Gesundheit stand ihm scheinbar hier gar nicht im Wege: zur Zeit der Reife scheint er doch auch von bewältigenden moralischen Leiden ganz frei gewesen zu sein. Es scheint da alles erträglich mit ihm gestanden zu haben. Und dann gab es für ihn so viel zu wissen, was damals, wo Kant noch so Wichtiges im unklaren gelassen hatte, schwierig zu erwerben war, namentlich für den Dichter, der sich auch im Begriffe recht klar werden will. Eines fehlt diesen allen: die Musik! Aber sie hatten sie eben im Bedürfnis, in der Ahnung. Deutlich drückt sich das oft aus, namentlich in der höchst glücklichen Substituierung des Gegensatzes von "plastischer" und "musikalischer" Poesie, für den von "epischer" und "lyrischer". Mit der Musik ist nun aber eine Allmacht gewonnen, gegen welche die Dichter jener so wundervoll suchenden, strebsamen Entwickelungsepoche mit ihren Arbeiten sich doch nur wie Skizzenzeichner verhielten. Deshalb gehören sie mir aber so innig an: sie sind mein leibhaftiges Erbstück. Aber glücklich waren sie - glücklicher ohne die Musik! Der Begriff gibt kein Leiden; aber in der Musik wird aller Begriff Gefühl; das zehrt und brennt, bis es zur hellen Flamme kommt und das neue wunderbare Licht auflachen kann! -

(Mit Wagners Musik, die Schiller und Goethe fehlte, ist die Kultur ein gutes Stück vorangeschritten...)

An Mathilde Wesendonck,
Luzern, 9. Mai 1859

Freitag abend mußte ich noch viel über Schiller lachen: er hat diesen ganz einzigen Humor, den ich in dieser Liebenswürdigkeit doch an Göthe nicht kenne. Der Lorbeerkranz (ich glaube seine Hauseigentümerin), dessen Zimmer im Herzen ungleich wohlfeiler sind als im Hause - wiewohl auch daran eher etwas zu verderben wäre -, ist vortrefflich. Ich danke Ihnen für diese Briefe sehr; ich möchte gar nichts weiter lesen als solche Intimitäten.

Titelbild eines französischen Pamphlets
gegen Richard Wagner.
Gez. von André Gill. 1876

An Malvida von Meysenbug,
Penzing, 22. Juni 1863

Natürlich muß man dann nicht so warm und beredt von Wundern, wie dem Michel Angelo usw., hören, da wird einem das Herz schwer - gewiß! Auch will ich Ihnen zur Beruhigung mitteilen, daß ich täglich eine österreichische Zeitung lese, bei den Berichten über die polnische Insurrektion immer unwillkürlich für diese teilnehme und überhaupt noch in viele alte Schwächen verfalle. Mir geht's aber wie Goethe: ich hab' zu einem eigentlichen politischen Feuer nicht *Haß* genug, und ohne den ist man für keine Partei genug. Gott! glauben Sie denn, daß es in Petersburg einen gebildeten Menschen gibt, dem die polnischen Vorgänge nicht ein Greuel sind und die nicht ganz so darüber fühlen und sprechen sie Sie und ich? Aber die "Politik" - "Regierung" und wie das Teufelszeug alles heißt - ja, das ist ein ander Ding! Und glauben Sie, ich und Sie, wir sind nicht dafür gemacht; selbst Garibaldi nicht und Bakunin noch weniger, ganz gewiß aber Louis Napoleon. Nun messe man sich einmal mit dem! Pfui Teufel!

(Wie Goethe mußte auch Wagner an seiner Zeit leiden.)

2. Aus: "Mein Leben"

Am 22. Mai 1813 in Leipzig auf dem Brühl im "Rot und Weißen Löwen", zwei Treppen hoch, geboren, wurde ich zwei Tage darauf in der Thomaskirche mit dem Namen Wilhelm Richard getauft. Mein Vater Friedrich Wagner, zur Zeit meiner Geburt Polizeiaktuarius in Leipzig, mit der Anwartschaft auf die Stelle des Polizeidirektors daselbst, starb im Oktober des Jahres meiner Geburt infolge großer Anstrengungen, welche ihm die überhäuften polizeilichen Geschäfte während der kriegerischen Unruhen und der Schlacht bei Leipzig zuzogen, durch Ansteckung des damals epidemisch gewordenen Nervenfiebers. Über die Lebensverhältnisse seines Vaters vernahm ich späterhin, daß dieser in dürftiger bürgerlicher Sphäre als Toreinnehmer am Ranstädter Tore sich dadurch von seinen Standesgenossen auszeichnete, daß er seinen beiden Söhnen eine gelehrte Erziehung gab, indem er den einen - meinen Vater Friedrich - Jurisprudenz, den andern, jüngern - Adolf - Theologie studieren ließ. Mein Oheim gewann später einen nicht unbedeutenden Einfluß auf meine Entwicklung; wir werden ihm in einer entscheidenden Phase meiner Jugendgeschichte wieder begegnen. Über meinen für mich so früh verstorbenen Vater erfuhr ich später, daß er im allgemeinen sehr für Poesie und Literatur eingenommen, namentlich dem damals von den gebildeten Ständen sehr gepflegten Theater eine fast leidenschaftliche Teilnahme zuwendete. Meine Mutter erzählte mir unter anderem, daß er mit ihr zur ersten Aufführung der "Braut von Messina" nach Lauchstädt reiste; dort zeigte er ihr auf der Promenade Schiller und Goethe, sie enthusiastisch ob ihrer Unkenntnis dieser großen Männer zurechtweisend. Er soll selbst nicht frei von galanter Leidenschaftlichkeit für Künstlerinnen des Theaters gewesen sein. Meine Mutter beklagte sich scherzend, daß sie öfters sehr lange mit dem Mittagessen auf ihn habe warten müssen, während er bei einer damals berühmten Schauspielerin begeisterte Besuche abstattete; von ihr gescholten, behauptete er, durch Aktengeschäfte zurückgehalten worden zu sein, und wies zur Bestätigung auf seine angeblich mit Tinte befleckten Finger, welche bei erzwungener näherer Besichtigung sich als vollkommen sauber auswiesen. Von seiner großen Neigung für das Theater zeugte außerdem die Wahl eines innig vertrauten Hausfreundes, des Schauspielers Ludwig Geyer. Hatte ihn bei der Wahl dieses Freundes gewiß hauptsächlich seine Theaterliebe geleitet, so führte er in ihm seiner Familie zugleich den edelsten Wohltäter zu, indem dieser bescheidene Künstler, durch innigen Anteil an dem Lose der zahlreichen Nachkommenschaft seines unerwartet schnell verscheidenden Freundes Wagner bewogen, den Rest seines Lebens auf das angestrengteste der Erhaltung und Erziehung dieser Familie widmete. Schon während der Polizeiaktuar seine Abende im Theater verbrachte, vertrat der treffliche Schauspieler meist sein Stelle im Schoße seiner Familie, und es scheint, daß er oft die mit Recht oder Unrecht über Flatterhaftigkeit ihres Gatten klagende Hausmutter zu beschwichtigen hatte. Wie tief das Bedürfnis des heimatlosen, vom Leben hart geprüften und umhergeworfenen Künstlers war, in einem sympathischen Familienverhältnisse sich heimisch zu wissen, bezeugte er dadurch, daß er ein Jahr nach dem Tode seines Freundes dessen Witwe ehelichte und fortan der sorgsamste Vater der hinterlassenen sieben Kinder ward. Bei diesem schwierigen Unternehmen begünstigte ihn ein unerwartetes Gedeihen seiner äußeren Lage. Als Schauspieler des sogenannten Charakterfaches erhielt er bei dem neu errichteten Dresdener Hoftheater eine vorteilhafte, ehrende und dauernde Anstellung. Das Malertalent, welches ihm einst schon sein Leben zu fristen verholfen hatte, als er, durch äußerste Armut genötigt, seine Universitätsstudien unterbrechen mußte, wurde in seiner Dresdener Stellung von neuem beachtet. Zwar beklagt er, mehr noch als seine Kritiker, von einer regelmäßigen und schulgerechten Ausbildung desselben abgehalten worden zu sein; dennoch erwarb ihm seine außerordentliche Begabung namentlich für Porträtähnlichkeit so bedeutende Aufträge, daß er unter der doppelten Anstrengung als Maler und Schauspieler leider frühzeitig seine Kräfte erschöpfte. Als er einst in München zu einem Gastspiel am Hoftheater eingeladen war, erhielt er, durch vorteilhafte Empfehlung des sächsischen Hofes eingeführt, vom bayerischen Hofe so bedeutende Aufträge für Porträts der Allerhöchsten Familie, daß er darum sein Gastspiel zu unterbrechen und gänzlich aufzugeben für gut hielt. Aber auch dichterisches Talent war ihm zu eigen; nach manchen in oft sehr zierlichen Versen verfaßten Gelegenheitsstücken schrieb er auch mehrere Lustspiele, von denen eines, der 'Bethlehemitische Kindermord', in gereimten Alexandrinern, häufig gegeben ward, gedruckt erschien und von Goethe freundlichst gelobt wurde. Dieser ausgezeichnete Mann, unter dessen Führung in meinem zweiten Lebensjahre meine Familie nach Dresden übersiedelte und von dem meine Mutter noch eine Tochter (Cäcilie) gewann, übernahm nun mit größester Sorgfalt und Liebe auch meine Erziehung. Er wünschte mich gänzlich als eigenen Sohn zu adoptieren und legte mir daher, als ich in die erste Schule aufgenommen ward, seinen Namen bei, so daß ich meinen Dresdener Jugendgenossen bis in mein vierzehntes Jahr unter dem Namen Richard Geyer bekannt geblieben bin. Erst als meine Familie, längere Jahre nach dem Tode des Stiefvaters, sich wieder nach Leipzig wandte, nahm ich dort, am Sitz meiner ursprünglichen Verwandtschaft, den Namen Wagner wieder an. (I, 7-9)

(Etwas verworren, dieser Beginn, doch wichtig war für Wagner wohl, daß seine Eltern Goethe noch selbst gesehen hatten. Damit war sein eigenes Leben gewissermaßen vorprogrammiert.)

Es konnte ihm [Wagners Onkel] natürlich nicht erspart bleiben, die Folgen dieser Urteilskräfte meines Alters weit überschätzenden Art des Verkehrs mit mir endlich zu seinem Schrecken innezuwerden. Hatte es mich zwar auch verdrossen, eines Tages, als ich den Goetheschen Faust vorzunehmen wünschte, von ihm die ruhige Meinung, daß ich diesen noch nicht verstehen würde, zu vernehmen, so hatte mich doch seine sonstigen Gespräche über unsere großen Dichter, selbst über Shakespeare und Dante, nach meinem Dünken so vertraut mit diesen erhabensten Vorbildern gemacht, daß ich seit längerer Zeit heimlich damit beschäftigt war, mein großes, schon in Dresden konzipiertes Trauerspiel auszuführen. Auf diese Ausführung verwandte ich seit meinem Zerfall mit der Schule alle Arbeitskräfte, welche dieser eigentlich gewidmet sein sollten. (I, 31)

(Wagner hätte den *Faust* wohl schon als Kleinkind verstanden.)

Ich kann bezeugen, daß nichts von mir unterlassen war, um diesem Stoff die mannigfaltigste Ausführung zu geben; weder was aus Rittergeschichten mir bekannt war, noch was aus 'Lear' und 'Macbeth' mir vertraut geworden, hatte ich unbenutzt gelassen, um mein Drama mit den reichsten Situationen auszustatten. Ein Hauptingredienz meiner politischen Gestaltung entnahm ich jedoch der pathetischen und humoristischen Kraftsprache Shakespeares. Die Kühnheit des schwülstigen und bombastischen Ausdruckes setzte namentlich meinen Oheim Adolf in Schreck und Staunen. Er konnte nicht begreifen, wie ich aus dem 'Lear' und dem 'Götz von Berlichingen' gerade nur diese exorbitanten Redensarten, und zwar noch mit der unglaublichsten Übertreibung, herausgelesen und verwendet hatte. - Mir blieb, als man mich mit Wehklagen über meine verlorene Zeit und verschrobene Richtung wahrhaft betäubte, ein wunderlich innerer Trost gegen die widerfahrende Kalamität: ich wußte, was noch niemand wissen konnte, nämlich, daß mein Werk [*Leubald*] erst richtig beurteilt werden könnte, wenn es mit der Musik versehen sein würde, welche ich dazu zu schreiben beschlossen hatte und welche ich nächstens auszuführen demnach beabsichtigte. (I, 34f.)

(Wie Goethe ließ sich auch Wagner von Shakespeare inspirieren.)

In dieser Zeit hatte ich nun eine erste Sonate in d-Moll komponiert. Auch ein Schäferspiel hatte ich begonnen, bei dessen Ausarbeitung ich in gewiß noch nie dagewesener Weise verfuhr. Durch Goethes 'Laune des Verliebten' für Form und Inhalt meiner Dichtung bestimmt, entwarf ich kaum auch nur einen Teil des Textes und führte dagegen die Dichtung zugleich mit der Musik und der Instrumentation in der Weise aus, daß ich, während ich die ein Partiturseite schrieb, für die folgende selbst nicht einmal den Text im voraus überlegt hatte. (I, 42)

Wagner öffnet sein Osterei.

Cham. Charivari, Paris. 31. März 1861

Meine Schwester Rosalie war Mitglied dieser Theatergesellschaft geworden; durch sie hatte ich jederzeit leichten Eintritt zu den Aufführungen, und was in meinen Kinderjahren nur das Interesse einer phantastischen Neugierde gewesen war, ward nun zu einer gründlicheren, bewußtvollern Leidenschaft. 'Julius Caesar', 'Macbeth', 'Hamlet', die Schillerschen Stücke, endlich der Goethesche 'Faust' erregten und begeisterten mich tief. (I, 46)

Auf dieser Reise nach Rudolstadt kam ich auch zum ersten Male durch Weimar, wo ich an einem regnerischen Tage mich nach dem Haus Goethes mit Neugier, aber ohne Ergriffenheit umsah; ich hatte mir etwas andres darunter vorgestellt und erwartete mir von dem regen Theatertreiben in Rudolstadt, dem es mich hastig zudrängte, lebendigere Eindrücke. (I, 108)

(Begeisterung für die Werke, doch die Goethe-Stadt Weimar hatte den Goethe-Kult noch nicht in Wagners Sinn entwickelt.)

Die nächste Folge hiervon war meine innige Sehnsucht, gerade jetzt, wo das Elend meiner Lage in Paris mir immer klarer bewußt wurde und ich tiefinnerlich an jedem Erfolg auf dem betretenen Wege verzweifelte, etwas zu schaffen, was mir ebenso innerlich Genugtuung geben sollte. So entwarf ich eine Ouvertüre zu 'Faust', welche dem ersten Plane nach nur den ersten Satz einer ganzen 'Faust'-Symphonie bilden sollte, da ich für den zweiten Satz bereits die Aufführung des 'Gretchens' ebenfalls im Kopfe trug. Es ist dies dieselbe Komposition, welche ich, nachdem ich sie bereits außer acht verloren, infolge sinniger Andeutungen und Wünsche Liszts fünfzehn Jahre später in einigen Teilen umarbeitete und welche jetzt unter dem Titel 'Eine Faust-Ouvertüre' von mir wiederholt öffentlich aufgeführt und auch sonst weiter beachtet worden ist. Damals hegte ich den Ehrgeiz, eine so beschaffene Komposition von dem Orchester des Conservatoires für eines seiner Konzerte angenommen zu sehen, erfuhr jedoch, daß man dort der Meinung war, mir bereits genug Aufmerksamkeit erwiesen zu haben, und für einige Zeit mich los zu sein wünschte. (I, 205f.)

(Mit Goethes *Faust* konnte Wagner jedes Elend ertragen.)

Zuerst entwarf ich nun in Form eines Programms, wozu mir das nach Gewohnheit zu bestellende Textbuch zum Gesang der Chöre einen schicklichen Anlaß gab, eine Anleitung zum gemütlichen Verständnis des Werkes, um damit - nicht auf die kritische Beurteilung, sondern rein auf das Gefühl der Zuhörer zu wirken. Dieses Programm, für welches mir Hauptstellen des Goethischen 'Faust' eine über alles wirksame Hilfe leisteten, fand nicht nur zu jener Zeit in Dresden, sondern auch späterhin an andern Orten erfreuliche Beachtung. Außerdem benutzte ich in anonymer Weise den 'Dresdener Anzeiger', um durch allerhand kurzbündige und enthusiastische Ergüsse das Publikum auf das, wie man mir ja versichert hatte, bis dahin in Dresden 'verrufene' Werk anregend hinzuweisen. (I, 379)

Wagner als Lohengrin. Iskra. Petersburg. 1868

Ich hörte da [in Dresden 1849] allerhand wüste Vorschläge und unschlüssige Erwiderungen durcheinander; ein Hauptthema bildete die Notwendigkeit, auf Verteidigung zu sinnen; Bewaffnung und Anschaffung dafür ward diskutiert, aber alles in höchster Konfusion, und als man plötzlich fand, daß man für diesmal auseinanderzugehen habe, blieb mir der Eindruck der höchsten Verwirrung zurück. Ich entfernte mich mit dem Maler Kaufmann, einem jüngeren Künstler, von welchem ich zuvor auf der Dresdener Kunstausstellung eine Reihe von Kartons, die 'Geschichte des Geistes' darstellend, gesehen hatte. Vor einem dieser Kartons, welcher die Folterung eines Ketzers im spanischen Inquisitionsgerichte vorführte, hatte ich den König von Sachsen, welcher die Ausstellung durchwanderte, beobachtet, wie er mit mißbilligendem Kopfschütteln von diesem abstrusen Gegenstande sich abwandte. Mit diesem, welcher bleich und bedenklich dem Kommenden entgegensah, mich unterhaltend, gelangte ich auf dem Postplatz in die Nähe des kürzlich dort nach Sempers Angabe errichteten Brunnens, als plötzlich vom nahen Turme der Annenkirche das Zeichen zum Aufbruche mit der Sturmglocke sich vernehmen ließ. "Gott, da geht's los!" rief erschüttert mein Begleiter und verschwand sofort von meiner Seite. Ich erfuhr später noch einmal von ihm, daß er als politischer Flüchtling in Bern weile, habe ihn aber nie wieder gesehen. Auch auf mich machte der Klang dieser aus der Nähe sich vernehmen lassenden Glocke einen entscheidenden Eindruck. Es war an einem sehr sonnigen Nachmittage, und sogleich stellte sich bei mir fast dasselbe Phänomen ein, welches Goethe beschreibt, als er die Eindrücke der Kanonade von Valmy auf seine Sinneswahrnehmung zu verdeutlichen sucht. Der ganze Platz vor mir schien von einem dunkelgelben, fast bräunlichen Lichte beleuchtet zu sein, ähnlich wie ich es bei einer Sonnenfinsternis in Magdeburg wahrgenommen. Die dabei sich kundgebende Empfindung war die eines großen, ja ausschweifenden Behagens; ich fühlte plötzlich Lust, mit irgend etwas, sonst für nichtig gehalten, zu spielen; so geriet ich, vermutlich wegen der Nähe des Platzes, zunächst auf den Einfall, in Tichatscheks Wohnung den von ihm als passioniertem Sonntagsjäger gepflegten Schießgewehren nachzufragen; ich traf dort nur seine Frau an, da er selbst auf einer Urlaubsreise begriffen war; ihre Angst vor den bevorstehenden Ereignissen stimmte mich zur ausgelassensten Heiterkeit; ich gab ihr den Rat, die Jagdgewehre ihres Mannes, welche sehr leicht bald von dem Pöbel requiriert werden könnten, dadurch in Sicherheit zu bringen, daß sie dieselben dem Komitee des Vaterlandsvereins gegen Zertifikat zur Disposition stellte. Ich habe später erfahren, daß meine hierbei geäußerte exzentrische Laune in bedenklichster Weise zum Verbrechen angerechnet worden ist. (I, 448f.)

(Wie Goethe erkannte Wagner sofort die epochalen Augenblicke der Weltgeschichte.)

Eine auffallende, sehr übellaunige und eigentlich händelsüchtige Gereiztheit, wie sie schon in der fatalen Szene mit dem jungen Ritter vorgekommen war, trat mehrere Male zu meinem wahren Schrecken noch bei Liszt hervor. Namentlich war mit ihm, vorzüglich in Gegenwart der Fürstin Karoline, nicht gut über Goethe zu sprechen. Über den 'Egmont', den er geringschätzen zu müssen glaubte, weil er sich von Alba 'dupieren' ließ, wäre es selbst zwischen uns, da Liszt sehr aufgelegt dazu schien, zu einem Ärgernis gekommen. Ich war jedoch gewarnt und besaß so viel Ruhe, mich nur an die physiologische Eigentümlichkeit meines Freundes bei dieser Gelegenheit zu halten und vielmehr seinen Zustand als den Gegenstand unseres Disputes in Betracht zu nehmen. Nie ist es zwischen mir und ihm zu einer Heftigkeit gekommen; nur blieb mir fortan für mein ganzes Leben das dunkle Gefühl davon, es könne einmal zu einer solchen kommen, und diese müsse dann furchtbar sein; und vielleicht war es auch eben dieses Gefühl, was jede zufällige Ereiferung von mir fernhielt, wiewohl ich sonst wegen meines Aufbrausens und meiner Reizbarkeit unter meinen Freunden bekannt genug war. (II, 108)

Am häufigsten, namentlich wenn schlechtes Wetter an der Promenade hinderte, besuchten wir das am Tage sich produzierende Volksschauspiel im Theater Malibran; dort, wo der Eintritt sechs Kreuzer betrug, befanden wir uns unter einem vortrefflichen Publikum (meistens in Hemdärmeln), welchem am häufigsten Ritterstücke vorgespielt wurden. Doch sah ich hier auch eines Tages zu meinem wahrhaften Erstaunen und völligen Entzücken das groteske Lustspiel 'Le baruffe Chiozziote', welches bereits Goethe am gleichen Orte zu seiner Zeit so sehr angesprochen hatte und welches mit einer Naturtreue gegeben wurde, wie ich dem nichts Ähnliches aus meiner Erfahrung zur Seite stellen kann. (II, 148)

(Wagner hatte natürlich in vielen Dingen den gleichen Geschmack wie Goethe.)

Mein Geburtstag fiel in die Zeit der Zurückreise, und ich beschloß, ihn in Zürich zu feiern. Über München gelangte ich ohne Verzug nach Winterthur, wo ich meinen Freund Sulzer anzutreffen gedachte; leider war dieser abwesend, und ich traf nur seine Frau, welche viel Rührendes für mich hatte, sowie seinen kleinen Sohn, einen lebhaft mich einnehmenden Knaben, an. Ihn selbst wußte ich am folgenden Tag, eben am 22. des Monats, in Zürich anzutreffen und verbrachte so den nicht unbedeutenden Rest des Tages hier in einem engen Gasthofzimmer, in welchem mich meine Reiselektüre, die 'Wanderjahre' Goethes, zum ersten Male mit dem vollen Verständnisse dieser wunderlichen Komposition fesselte. Namentlich war es die eigentümliche Schilderung des Aufbruches der Gesellen, in welcher es zu einer fast wilden Lyrik kommt, durch deren Eindruck auf mich der Geist des Dichters auch für dieses Werk mir vertraulich nahetrat. (II, 227)

(Wagner war der Geist Goethes zutiefst vertraut.)

Da es aber noch immer nicht zur Arbeitslaune kommen wollte und eine gewisse Unruhe sich meiner bemächtigt hatte, trug ich mich, meinem Versprechen gemäß, dem Großherzoge von Baden für einen abermaligen Besuch zu einer Vorlesung der 'Meistersinger' an. Der Großherzog antwortete mir sehr freundlich durch ein persönlich von ihm unterzeichnetes Telegramm, worauf ich am 7. März in Karlsruhe eintraf und dem großherzoglichen Paare mein Manuskript vortrug. Es war zu dieser Vorlesung sinnigerweise ein Salon bestimmt worden, welcher mit einem großen historischen Tableau meines alten Freundes Pecht, der junge Goethe die ersten Bruchstücke seines 'Faust' den Ahnen der herzoglichen Familie vorlesend, geziert war. Mein Stück wurde sehr freundlich aufgenommen, und es nahm sich artig aus, als die Großherzogin am Schlusse mir besonders die musikalische Ausführung des vortrefflichen Pogner anempfahl - was wie ein freundliches Zugeständnis der Beschämung darüber anzusehen war, daß ein Bürger sich eifriger als mancher Fürst für die Kunst bemühte. (II, 263)

(Wagner wieder einmal in den Fußstapfen seines Meisters.)

Nachwort

Goethe und Wagner in den Tagebüchern von Cosima Wagner und bei Friedrich Nietzsche.

Endlich vereint: die beiden Meister aus Deutschland, die allerdings schon von so vielen Forschern beackert wurden. Die wenigen hier ausgewählten Zitate sollen zeigen, daß Wagner Goethe als Vorbild sah, wenn er auch bisweilen skeptisch dessen Werk und Leben betrachtet hat. "Mir ist Göthe ein Naturgeschenk, durch welches ich die Welt erkennen lerne wie durch wenig andere", heißt es in einem Brief an Mathilde Wesendonck vom 7. April 1858. In seiner Cosima diktierten Autobiographie *Mein Leben* versäumt er es nie, Goethe zu erwähnen, wenn er nur irgendwo und irgendwie mit ihm und seinem Werk in Berührung gekommen ist. Er träumte von ihm, berichtet Cosima Wagner, ein Traum, in dem beide gleichberechtigt (?) einherwandeln.

Liest man Cosima Wagners Tagebücher, so kann man miterleben, wie oft Goethe von ihr und Richard gelesen und besprochen wurde. Ein schönes Beispiel dafür, wie in den Bildungsbürgerhaushalten des 19. Jahrhunderts Goethe rezipiert wurde, wie ein Hausgott, ein Ideal, dem es nachzueifern galt. Im Sommer 1869 lesen sie gemeinsam Goethes Gespräche mit Eckermann, und Wagner nimmt des öfteren Bezug auf Goethes glückliches Alter; seine eigenen alten Tage würden sich doch glücklicher ankündigen, denn er habe Cosima. (I,132: 27. 7. 1869) Am 13. November 1869 ist Nietzsche zu Gast und berichtet, "was für Lügen über R. gedruckt und gesprochen in der Welt kursieren (wie z. B., daß er sich vor den Spiegel stellt, um ein Pendant zu Goethe und Schiller zu bilden [...]" (I,169) Wo Rauch ist, ist auch Feuer: So hatte man also schon damals wahrgenommen, dass Wagner sich als würdiger Nachfahrer der grossen Dichter sah. Am 24. Januar 1870 bewundert Wagner Goethes Weisheit und betont, Dichter müßten ihre Werke nicht erleben, um weise zu werden, womit er sich wohl selber auch meinte (I,191). Am 15. Februar 1870 erzählt Wagner einen Traum, in dem Goethe ihm begegnet ist. Er träumte, "daß er mit ihm wandelte, sich mit ihm unterhielt und bei ihm bleiben wollte, 'da habe ich meine Bestimmung gefunden im Umgange mit einem solchen Menschen'." (I,198) Sie wandelten miteinander, offen bleibt wer von beiden der Meister und wer der Jünger ist. Wenn Wagner das Goethe-Bildnis im Hause betrachtet, fühlt er sich glücklich und glaubt an das Glück hienieden (27. 9. 1870: I,291). Am 27. Juli sagt er es explizit: "Ja, das ganze Kunstwerk der Zukunft knüpft eigentlich an den Theaterprolog [im *Faust*] an, da ist alles angegeben." (I,553) Wagner sah sich in der Nachfolge und als Erfüller der Goetheschen Dichtung. Selbstverständlich ist auch nur er in der Lage, Goethes Werk, z. B. den *Goetz*, so zu lesen, daß Cosima die 'Tränen fast unaufhörlich herabrinnen' (16. 8. 1873: I,715). Wie Goethe bereut er es, sich mit dem Theater eingelassen zu haben (17. 4. 1874: I,812), eine Koketterie, die man nicht ernst nehmen muß. Auch der Name Wahnfried hat mit Goethe zu tun: "[...] in Hessen gebe es einen Ort Wahnfried, es habe ihn so mystisch berührt, diese Zusammensetzung der beiden Worte, 'und wie das Gedicht von Goethe, was nur zu den Weisen gesprochen sei, so würde nur der Sinnige ahnen, was wir darunter verstehen'." (4. Mai 1874: I,815) Natürlich ärgert es Wagner, wenn behauptet wird, Goethes *Farbenlehre* sei ein Nonsense (7. 10. 1874: I,856). 'Zu Tränen ergriffen' ist er nicht selten, wenn er Goethes Werke (vor)liest (2. April 1875: I,906). Und immer wieder der *Faust*: "Neulich sagte

R.: 'Beinahe möchte ich, Goethe hätte nichts weiter als wie den Faust geschrieben, so herrlich ist der'." (15. März 1878: II,60) Schön findet er darin den Vers vom echten deutschen Mann, der den Franzmann nicht leiden kann, allerdings nur (?) wegen der Silbenverlängerung (12. April 1878: II,82). Es mißhagt ihm, wenn man Goethe nur in seinem Verhältnis zu Frauen zeige (26. Juli 1878: II, 146); wie es ihm ja auch ergangen ist. Plagte ihn die Schlaflosigkeit, konnten bisweilen Goethes Gedichte helfen (18. März 1879: II,317). Sympathisch ist ihm, dass Goethe auch für Geld geschrieben hat (2. 10. 1881: II,802). Gewiß, er hatte auch einiges an Goethe auszusetzen, doch insgesamt war er für ihn, im Gegensatz zu Schiller, "immer verführerisch (8. April 1879: II,328), er hatte auch "etwas Germanisches" (2. Dezember 1879: II, 456), kurz: Goethe war für ihn "der größte Dichter" (19. Dezember 1882: II,1074). Und am liebsten wäre Wagner wohl wie Goethe gestorben (22. Januar 1880: II,482), was ihm aber nicht vergönnt war. Nur wenige Wochen vor seinem Tod liest er wieder einmal im *Faust* "mit unaussprechlicher Bewunderung, Freude, Entzücken, 'das ist deutsch', sagt er! Shakespeare zeigt uns die Welt, wie sie ist, Goethe zeigt uns die Heiterkeit des freien Menschen über diese." (16. Januar 1883: II,1093)

Von Nietzsche war hier schon die Rede, und man ahnt schon, daß Goethe in dieser Freund-Feindschaft eine wichtige Rolle spielte. Schon in einem der ersten Briefe Wagners an Nietzsche fordert Wagner abschließend: "Retten Sie meinen nicht ganz umschwankenden Glauben an das, was ich - mit Göthe und einigen Andren - deutsche Freiheit nenne." (13) Mit keinem Geringeren als Goethe und mit dem Herrn Professor Nietzsche will Wagner für die deutsche Freiheit kämpfen. In vielen der kommenden

Briefe von ihm und Cosima an Nietzsche wird Goethe zu Wort kommen. Für Nietzsche war in den Jahren der Freundschaft klar: "Wagner vollendet, was Schiller und Goethe begonnen haben. Auf dem eigentlich deutschen Gebiet." (450) Sogar auf 'höherer Stufe' (511). Ab dem Herbst 1876 wird das Lob zurückgeschraubt, Kritik macht sich breit, so z. B. zum Thema Beredsamkeit und Redekunst: "Goethe im Tasso geht auf das Vorbild der Renaissance zurück. Schiller hängt von den Franzosen ab. Wagner giebt die Kunst der Rede ganz auf." (746f.) Später vernichtende Urteile: "Gegen Goethe's Ideal gehalten, tief zurückstehend." (752) - "Was Goethe über Wagner gedacht haben würde? Goethe hat sich einmal die Frage vorgelegt, was die Gefahr sei, die über allen Romantikern schwebe: das Romantiker-Verhängnis. Seine Antwort ist: 'am Wiederkäuen sittlicher und religiöser Absurditäten zu ersticken.' Kürzer: Parsifal." (1064) Kürzer kann man seine Verachtung nicht zum Ausdruck bringen...

Nun, das Verhältnis zwischen Wagner und Nietzsche soll hier nicht noch einmal analysiert werden. Die in diesem Büchlein präsentierten Stellen sollten nur zeigen (und Wagners theoretische Schriften wurden mit Absicht als zu elaboriert und wenig spontan ausgeklammert), wie sehr sich Wagner an Goethe orientiert hat. Die Fragen, ob er ihn erreicht, übertroffen hat, oder ob er weit hinter ihm zurückgeblieben ist, mögen andere beantworten.

Joachim Schultz

Quellen:
Richard Wagner: Briefe. Ausgewählt und eingeleitet von Hanjo Kesting. München 1983. Piper Verlag.
Richard Wagner: Mein Leben. Vollständige Ausgabe. Hrsg. von Eike Middell. 2 Bände. Bremen 1986. Carl Schünemann Verlag.
Cosima Wagner: Die Tagebücher. Ediert und kommentiert von Martin Gregor-Dellin und Dietrich Mack. 2 Bände. München 1977. Piper Verlag.
Nietzsche und Wagner. Stationen einer epochalen Begegnung. Hrsg. von Dieter Borchmeyer und Jörg Salaquarda. 2 Bände. Ffm. 1994. Insel Verlag.

Die Abbildungen stammen aus:
Ernst Kreowski / Eduard Fuchs: Richard Wagner in der Karaikatur. Berlin 1907. B. Behrs Verlag.
Friedrich Vogt / Max Koch: Geschichte der deutschen Literatur... Leipzig und Wien 1918. Band 2. Bibliographisches Institut.

Weiterführene Literatur:
Wolfgang Golther: Richard Wagner und Goethe. In. Goethe-Jahrbuch 1905. S. 202 - 224.
Peter Wapnewski: Rivale Faust. Beobachtungen zu Wagners Goethe-Verständnis. In: Ders., Liebestod und Götternot... Berlin 1988. Corso bei Siedler. S. 49 - 99.
Dieter Borchmeyer: Das Theater Richard Wagners. Stgt. 1982. Reclam.

 200 Exemplare.
Edition Schultz & Stellmacher
Fr.-Puchta-Str. 12
95444 Bayreuth (1999)

Dank an Frank Piontek für seine Hinweise!